The Little Book of
Pics & Tones

Fonedream

First published in Great Britain in 2001 by
Michael O'Mara Books Limited
9 Lion Yard, Tremadoc Road, London SW4 7NQ

Copyright © Fonedream.com Ltd, 2001

All rights reserved. No part of this publication may be
reproduced, stored in a retrieval system, or transmitted by
any means, without the prior permission in writing of the
publisher, nor be otherwise circulated in any form of binding
or cover other than that in which it is published and without a
similar condition including this condition being imposed on
the subsequent purchaser.

A CIP catalogue record for this book is available
from the British Library

ISBN 1-85479-563-5

1 3 5 7 9 10 8 6 4 2

Designed and typeset by Fonedream
Made and printed in Great Britain by
Bemrose Security Printing, Derby

The Little Book of
Pics & Tones

CONTENTS

Introduction 6
UNIQUE pic offer 8

Pics

Words to watch 10–12
Crash, bang, wallop 13
Animal Magic 14–21
Cartoons 22–23
Way to Go! 24
I'm in Love! 25–27
Feasts & Seasons 28–29
Be a Sport! 30–31
Astrology Rules 32–33
Look Around 34
Particular Patterns 35–40

Tones

Pop	42–49
Classics of Pop	50–54
Dance	55–57
R&B / Rap	58–60
Rock	61–66
Sport	67–68
Sport on TV	69
TV theme tunes	70–73
Films & Shows	74–78
Family Events	79–81
Classical Music	82–87
Standards	88–91
Anthems	92–93

INTRODUCTION

Welcome to *The Little Book of Pics & Tones*. Inside you will find over 650 brand-new ways of personalising your image by adding a pic, a ringtone or both to your mobile phone!

AND you can download the current UK **Top 10** by following instructions during your call. Why look and sound like the rest of the mob?

N.B. Currently the pics and ringtones only work on NOKIA phones. However, very soon we will be adding additional manufacturers to our ringtones list.
RINGTONE COMPATIBLE NOKIA 3210, 3310, 6090, 61XX, 8110i, 8810, 7110, 8210, 8850, 9000i, 9110
PIC COMPATIBLE NOKIA 3210, 3310, 6090, 61XX, 8110i, 8810, 7110, 8210, 8850, 9000i, 9110

HOW TO DOWNLOAD

Follow these simple steps:

1. Choose your pic or ringtone.

2. Call the order hotline (on every page).

3. Listen and then enter the 5-digit code.

4. In minutes your choice will arrive.

Customer Service 0800 015 1156
Mon/Fri 7am–10pm AND Sat/Sun 10am–5pm
Calls to the 0906 order line are charged at £1.50 per minute. Call length is 2 mins. Calls from mobiles may be charged at a higher rate. You must ask permission from the bill payer before calling.
FONEDREAM @ ITOUCH UK LTD
   PO BOX 31170 LONDON E14 5FN
- fonedream use the best artists and the best sound engineers
- we pay all performing rights for your ringtones

UNIQUE* PIC OFFER

As a special offer to all our readers we are able to offer you this exclusive pic...

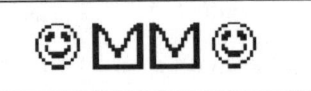

Simply dial
0870 123 1234
listen to the prompt to enter
your mobile number,
the logo will be sent immediately.

*for the price of a national telephone call

Pics

Words to watch   CALL 0906 400 22 19

BADASS	"BAD ASS"	21690
BADBOY	"BAD BOY"	21691
CAUTION	"CAUTION"	21694
DEATH	"DEATH"	21697
DON'T TOUCH	"DON'T TOUCH"	21699
EEK!	"EEK"	21701
SEARCHING NETWORK	"SEARCHING NETWORK"	21739
CODE BOY	"I.T. GEEK"	21723
☺HAPPY☺	"SMILE!"	21742

Words to watch   CALL 0906 400 22 19

LIFESABITCH	"LIFE'S A BITCH"	**21727**
MAFIA	"MAFIA"	**21728**
NOLIMIT	"NO LIMIT"	**21730**
No Network	"NO NETWORK"	**21731**
OUT OF ORDER	"OUT OF ORDER"	**21733**
PARTY	"PARTYTIME"	**21735**
PARTY ON	"PARTY ON"	**21918**
WACKED	"WACKED OUT"	**21936**
I ♥ BEER	"I LOVE BEER"	**22369**

Words to watch   CALL 0906 400 22 19

Logo	Name	Code
SUPERGIRL	"SUPERGIRL"	21743
sweetie	"SWEETIE"	22393
This side up.	"THIS WAY UP"	22398
VIBRATION	"VIBRATION"	22400
BORN TO SHOP	"BORN TO SHOP"	21881
DISCO DIVA	"DISCO DIVA"	21895
GROOVY	"GROOVY"	21902
HIPPY CHIC	"HIPPY CHIC"	21906
microshaft	"MICROSHAFT"	21912

Crash, bang, wallop CALL 0906 400 22 19

	WILD DANCERS	**21475**
	DRUM KIT	**21477**
	GUITAR	**21488**
	GUITARS LINE-UP	**21490**
	MUSIC NOTES	**21508**
	PIANO KEYBOARD	**21512**
	VOLUME SLIDER	**21682**
	HAMMER	**21614**
	HEART BEAT	**22377**

Animal Magic CALL 0906 400 22 19

	ANTEATER	21257
	BADGER	21258
	BAT	21259
	BEAR	22368
	BEAR FAMILY	21262
	BUMBLEBEE	21263
	BEETLES	21264
	BIRDS	21265
	COW	21267

Animal Magic   CALL 0906 400 22 19

	BUTTERFLIES	21268
	BUTTERFLY	21269
	BUTTERFLY FLOWERS	21270
	BUTTERFLY PATTERN	21271
	HAPPY CAT	21272
	CAT PLAYTIME	21284
	CONTENTED CAT	21285
	ACTION CAT	21273
	SMUG CAT	21274

Animal Magic CALL 0906 400 22 19

	BEGGING CAT	**21277**
	CAT AND MOUSE	**21279**
	CENTIPEDE	**21286**
	KOALA	**21346**
	COW	**21287**
	CROCODILE	**21289**
	DEER	**21290**
	SLEEPY DOG	**21293**
	WACKY DOG	**21294**

Animal Magic   CALL 0906 400 22 19

	GOOD DOG	**21300**
	LAZY DOG	**21301**
	DOLPHINS	**21308**
	DOVES	**21309**
	DRAGON	**21310**
	SCARY DRAGON	**21311**
	STREET DRAGON	**21313**
	DUCK IN ACTION	**21314**
	DUCKS IN THE BATH	**21315**

Animal Magic   CALL 0906 400 22 19

	EAGLE	21317
	ELEPHANTS' DAY OUT	21324
	PUFFA FISH	21331
	FISH TANK	21325
	WISE FISH	21327
	FOX MOTIF	22374
	ANGRY FOX	21335
	FROG WATCH	22375
	FROG	21336

Animal Magic CALL 0906 400 22 19

	GRASSHOPPERS	**21338**
	HEDGEHOG LOVE	**21341**
	PRANCING HORSES	**22378**
	JAGUAR	**22381**
	KANGAROO	**21345**
	GECKO	**21349**
	CUTE MOUSE	**21355**
	MONKEY	**22383**
	OCTOPUS	**21356**

Animal Magic　　　CALL 0906 400 22 19

	OWL	21357
	PANDAS	21359
	PENGUIN FUN	21360
	HAPPY PIG	21366
	PIG PATTERN	21371
	RABBIT PATTERN	21374
	RAT	21379
	SCORPIONS	22389
	SEAGULLS	21381

Animal Magic   CALL 0906 400 22 19

	SHEEP LOVE	**21383**
	FAST SNAIL	**21385**
	SNAKE	**21386**
	TIGER	**21390**
	TORTOISE	**21392**
	TURTLES	**21397**
	VULTURE	**21398**
	WHALES	**21399**
	WORM	**21401**

Cartoons   CALL 0906 400 22 19

	FACE MASK	22175
	MOSQUITO	22177
	SUN RISE	22193
	SKELETON	22200
	SKULL AND BONES	22201
	HAPPY FACES	22203
	SPIDER	22211
	UFO	22218
	WEIGHT LIFTER	22220

Cartoons		**CALL 0906 400 22 19**
🏃	CROWD	22143
👁	WILD EYES	22147
😊	CUTE FACES	22149
😀	FAT FACES	22148
🐕	DOG AND BONE	22150
👻	GHOULS	22151
🦗	GRASSHOPPER PEEPING	22155
😀	FACE EXPRESSIONS	22379
😱	SCARY GUY	22166

Way to Go!   CALL 0906 400 22 19

	AEROPLANE	22364
	BATTLESHIP	22089
	MOTOR BIKES	22110
	DRAG BIKES	22384
	TANKER	22101
	RACING CAR	22115
	ROAD AHEAD	22117
	SHUTTLE	22121
	TANK	22127

I'm in Love! CALL 0906 400 22 19

	HEARTS WALLPAPER	21417
	HEARTS AT NIGHT	21411
	HEDGEHOG LOVE	21425
♥U4EVER	I LOVE YOU	21428
4U 🌹	I LOVE YOU ROSE	21430
♥U4EVER	I LOVE YOU HEART	21431
♥MISS U♥	I MISS YOU	21432
JE TAIME	I LOVE YOU FRENCH	21433
	CARDS LOVE	21435

I'm in Love!   CALL 0906 400 22 19

	TEDDIES	21402
	GIRL / BOY	21403
	HAPPY FACES	21404
	DUCKS LOVE	21406
	POSITION	21407
	FROGS AT NIGHT	21409
	HEARTS AND ARROW	22376
	LOVE HEART ARCH	21415
	HEART PATTERN	21442

I'm in Love!   CALL 0906 400 22 19

♥♥LOVE♥♥	LOVE HEARTS	**21436**
I LUV U	LOVE YOU	**21444**
🌹	ROSE	**21451**
💍💍	WEDDING RINGS	**21455**
WITH LOVE	WITH LOVE	**21456**
KISS ME	KISS ME!!	**21726**
SEX BOMB	SEX BOMB 1	**21740**
HELLO	HI	**21713**
sex bomb	SEX BOMB 2	**21926**

Feasts & Seasons   CALL 0906 400 22 19

Image	Name	Code
	CHRISTMAS BAUBLES	22222
	CHRISTMAS	22224
	CHRISTMAS TREES	22371
	X-MAS BELLS	22225
	HALLOW'EEN	22226
	DAY OF DEATH	22227
	SKULL	22228
	TREES & PRESENTS	22231
	SANTA CLAUS	22232

Feasts & Seasons   CALL 0906 400 22 19

	SANTA CLAUS HEAD	22233
	SHOOTING STAR	22235
	SNOW FLAKES	22237
	SCARECROW	22238
	SCARECROWS	22240
	WINTER SCENE	22236
	VALENTINE	22399
	X-MAS CANDLE	22241
	FOURTH OF JULY	21681

Be a Sport! CALL 0906 400 22 19

Icon	Name	Code
	ARCHERS	22366
	I LOVE BASEBALL	21748
	SNOOKER	21750
	STRIKE!	21751
	CHESS	21753
	CYCLING	21754
	DART1	21757
	DART2	21758
	ENGLISH LION	21761

Be a Sport! CALL 0906 400 22 19

ENGLAND	ENGLAND + LIONS	**21762**
SURFING	SURFING	**21787**
	SWIMMING	**21788**
	TENNIS	**22397**
	WEIGHT LIFTING	**21793**
SNOWBOARD	SNOW BOARDING	**22391**
	SPEEDING BULLET	**21576**
	CARDS	**21579**
	AEROBICS	**21589**

Astrology Rules! CALL 0906 400 22 19

AQUA ♒	AQUARIUS	21795
ARIES ♈	ARIES	21798
CANCER ♋	CANCER	21801
CAP ♑	CAPRICORN	21804
GEMINI ♊	GEMINI	21808
LEO ♌	LEO	21810
LIBRA ♎	LIBRA	21813
PISCES ♓	PISCES	21816
SAG ♐	SAGITTARIUS	21818

Astrology plus   CALL 0906 400 22 19

SCORPIO ♏	SCORPIO	21821
TAURUS ♉	TAURUS	21824
VIRGO ♍	VIRGO	21826
☯ ☯	YIN/YANG	22403
☯ (winged)	WINGED YING/YANG	22388
BOY+GIRL	HIM 'N' HER	22390
🇬🇧	UNION JACK	21935
🍁🍁🍁🍁	MAPLE LEAVES	22382
☭	HAMMER & SICKLE	21840

Look Around   CALL 0906 400 22 19

![desert]	DESERT	**21532**
![castle]	CASTLE	**21534**
![skyscrapers]	SKYSCRAPERS AT NIGHT	**22372**
![meteor]	METEOR	**21536**
![flowers]	FLOWERS	**21538**
![leaves]	LEAVES	**21542**
![howling]	HOWLING AT THE MOON	**21543**
![sunmoon]	SUN/MOON	**21545**
![mountains]	MOUNTAINS	**21548**

Particular Patterns   CALL 0906 400 22 19

	ALIENS	**21829**
	BRICK WALL	**21831**
	TWISTS1	**21832**
	TWISTS2	**21833**
	TWISTS3	**21834**
	COW HIDE	**21835**
	FOOT PRINTS	**22373**
	EYE	**21837**
	GREEK KEY PATTERN	**21839**

Particular Patterns   CALL 0906 400 22 19

Pattern	Name	Code
	BRACELET	22385
	GRAY ALIEN	22365
	ALIVE OR DEAD	21564
	ARROWS	21567
	BAR CODE	22367
	BATTERY	21568
	BOMB	21570
	BOTTLE	21571
	BURGER	21577

Particular Patterns   CALL 0906 400 22 19

	BOOMERANG	22380
	BAT WINGS	21846
	CARROT	22370
	CHAIN	21582
	CHICKEN LEG	21583
	CRASH	21590
	SMOKING CIGARETTE	21586
	STUBBED-OUT CIGARETTE	21588
	CHINESE CHARACTERS	21841

Particular Patterns   CALL 0906 400 22 19

	EVOLUTION	**21594**
	GIRL'S EYES	**21939**
	SUN GLASSES	**21603**
	GUN	**21607**
	HANDCUFFS	**21615**
	CRACKED ICE	**21591**
	COMPASS	**22387**
	KNIFE	**21622**
	JIGSAW	**21621**

Particular Patterns CALL 0906 400 22 19

	DEAD MATCH	21628
	GUN MEN	21630
	NUCLEAR WARNING	21633
	PENCIL	21637
	RADIOACTIVE	21641
	ROPE KNOT	21644
	NOOSE	21645
	SAFETY PIN	21646
	TETRIS	21675

Particular Patterns   CALL 0906 400 22 19

	SUNS	22392
	WHIRLPOOL	22394
	INTERLINKED	22395
	SMILEY FACES	22396
	BARBED WIRE	22401
	THORNY	22402
	SKULLS	21563
	TATTOO	21844
	TRIBAL MASK	22386

Tones

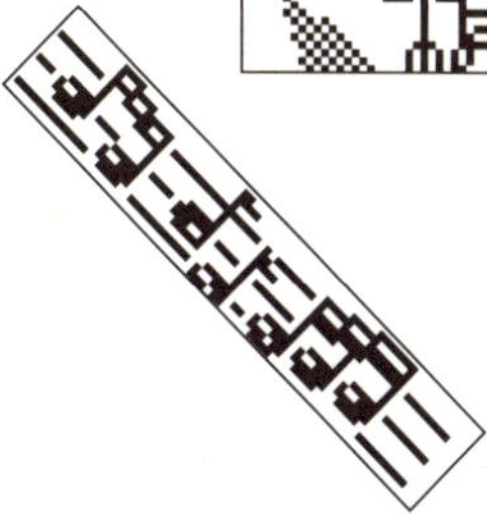

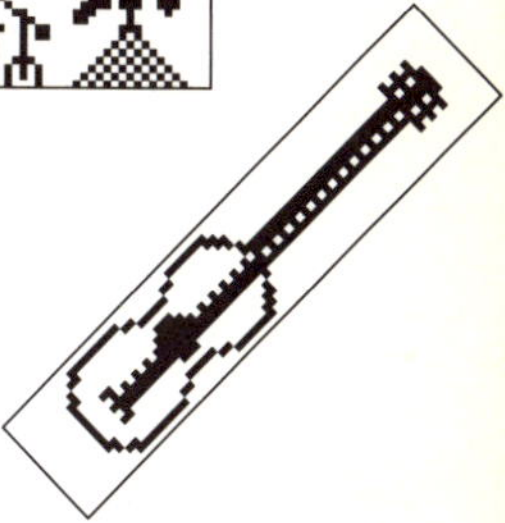

PLUS the official brand new Top 10 charts weekly

Pop CALL 0906 400 22 19

A1	No More	**11681**
A1	Same Old Brand New You	**10187**
A-Ha	Take on Me	**10472**
All Saints	Black Coffee	**10128**
Anastacia	I'm Outta Love	**10123**
Aqua	Barbie Girl	**10813**
Atomic Kitten	Whole Again	**11505**
Backstreet Boys	The Call	**11546**

Pop		CALL 0906 400 22 19
Billy Joel	My Life (Intro)	**11405**
Bob the Builder	Can We Fix It?	**11107**
Britney Spears	(You Drive Me) Crazy	**10646**
Britney Spears	Oops, I Did It Again	**10645**
Cher	Believe	**10604**
Christina Aguilera	Genie in a Bottle	**10605**
Dane Bowers	Shut Up … and Forget About It	**11682**
Dido	Here With Me	**11544**

Pop		CALL 0906 400 22 19
DJ Jazzy Jeff & the Fresh Prince	Boom! Shake the Room	**10405**
Geri Halliwell	Bag It Up	**10679**
Gorillaz	Clint Eastwood	**11768**
Hear'Say	Pure and Simple	**11771**
Janet Jackson	Doesn't Really Matter	**10106**
Joe Dolce Music Theatre	Shaddap You Face	**11362**
Kylie Minogue	On a Night Like This	**10114**
Kylie Minogue	Please Stay	**11122**

Pop	CALL 0906 400 22 19
LeAnn Rimes	I Can't Fight the Moonlight **10190**
Madonna	Music **10109**
Mariah Carey & Westlife	Against All Odds **10124**
Martine McCutcheon	I'm Over You **10999**
Marvin Gaye feat Maxi Priest	Sexual Healing **11074**
Melanie B	Feels So Good **11680**
Melanie B	Tell Me **10126**
Michael Jackson	Smooth Criminal **11271**

Pop		CALL 0906 400 22 19
Moloko	Sing It Back	**10594**
Mya	Case of the Ex	**11507**
NSYNC	Bye Bye Bye	**10681**
NSYNC	It's Gonna Be Me	**10107**
Nelly Furtado	I'm like a Bird	**11764**
No Doubt	Don't Speak	**11004**
No Doubt	Just a Girl	**11022**
Pink	Most Girls	**10121**

Pop CALL 0906 400 22 19

Richard Blackwood	1234 Get With The Wicked	**10003**
Ricky Martin	Livin' La Vida Loca	**10584**
Robbie Williams	Supreme (chorus)	**11121**
Robbie Williams	Supreme (verse)	**11123**
S Club 7	Never Had a Dream Come True	**11102**
S Club 7	Natural	**10113**
Samantha Mumba	Always Come Back to Your Love	**11679**
Samantha Mumba	Body II Body	**10139**

Pop	CALL 0906 400 22 19	
Savage Garden	Affirmation	**10672**
Sixpence None The Richer	Kiss Me	**10664**
Spice Girls	Mama	**10101**
Steps	It's the Way You Make Me Feel	**11281**
Steps	Stomp	**10137**
Stuntmasterz	The Ladyboy is Mine	**11683**
Sugababes	Overload	**10116**
Supergrass	Alright (melody version)	**11015**

Pop		CALL 0906 400 22 19
Supergrass	Richard III	**11024**
Toploader	Dancing in the Moonlight	**11541**
Vanessa Amorosi	Absolutely Everybody	**10112**
Westlife	My Love	**10182**
Westlife	Uptown Girl	**11767**
Westlife	What Makes a Man	**11124**

Classics of Pop	CALL 0906 400 22 19	
Abba	Thank You for the Music	**10402**
Abba	The Winner Takes It All	**10429**
Bangles	Eternal Flame	**11275**
Beatles	Bye Bye Love	**11335**
Beatles	Bye Bye Love	**11338**
Beatles	Let It Be	**10517**
Beatles	Sgt. Pepper	**11293**
Beatles	I am the Walrus	**11292**

Classics of Pop	**CALL 0906 400 22 19**	
Beatles	When I'm 64	**11381**
Beatles	Yesterday	**10431**
Billy Joel	My Life	**11405**
Billy Joel	Piano Man	**11390**
Blondie	The Tide is High	**10150**
Bob Marley	No Woman No Cry	**11254**
Carpenters	Top of the World	**11358**
Elvis Presley	Amazing Grace	**11306**

Classics of Pop	**CALL 0906 400 22 19**	
Frank Sinatra	Mack the Knife	**11354**
Frank Sinatra	Unforgettable	**11370**
Gary Numan	Cars	**11344**
Janis Joplin	Mercedes Benz	**11308**
Jefferson Airplane	Don't You Want Somebody	**11297**
John Denver	Leaving on a Jet Plane	**11351**
La's	There She Goes	**11276**
Marvin Gaye	Sexual Healing	**11074**

Classics of Pop	**CALL 0906 400 22 19**	
Nena	99 Red Balloons	**10037**
Otis Redding	Sitting on the Dock of the Bay	**11287**
Patti Labelle & Michael McDonald	On My Own	**11552**
Paul Young	Every Time You Go Away	**11341**
Phil Collins	In the Air Tonight	**11400**
Pulp	Disco 2000	**11001**
REM	Losing My Religion	**11274**
Slade	Cum On Feel The Noize	**11337**

Classics of Pop   CALL 0906 400 22 19

Stan Getz	The Girl from Ipanema	**11348**
Sting	Fragile	**11557**
Tina Turner	The Best	**11314**
Vic Reeves & The Wonder Stuff	Dizzy	**10623**
Wham!	Bad Boys	**11088**
Wham!	I'm Your Man	**11286**

Dance	CALL 0906 400 22 19	
Alice Deejay	Back In My Life	**10566**
Alice Deejay	Better Off Alone	**10669**
Eifel 65	Blue (Da Ba Dee)	**10062**
Kernkraft 400	Zombie Nation	**10119**
Modjo	Lady (Hear Me Tonight)	**10108**
Modjo	Lady: Riff part	**11350**
Oxide & Neutrino	No Good 4 Me (Riff)	**11125**
Planet Funk	Chase the Sun	**11508**

Dance   CALL 0906 400 22 19

Public Domain	Operation Blade	**10198**
Mike Oldfield	Tubular Bells	**10088**
Robert Miles	Children	**10066**
RS & Q Tip	Get Involved	**11078**
Rui Da Silva feat. Cassandra	Touch Me	**11279**
Darude	Sandstorm	**10824**
Sash	Ecuador	**10045**
Sonique	Sky	**10111**

Dance	CALL 0906 400 22 19	
Sonique	I Put a Spell on You	**11104**
Spiller	It Feels So Good	**10703**
Warp Brothers vs Aquagen	Phatt Bass	**11105**
Chocolate Puma	I Wanna Be U	**11775**
Madison Avenue	Don't Call Me Baby	**10573**
Spiller	Groovejet	**10105**
Vengaboys	Kiss (When the Sun Don't Shine)	**10581**

R&B / Rap   CALL 0906 400 22 19

Architechs	Body Groove	**10125**
Craig David	Seven Days	**10082**
Craig David	Walking Away	**11000**
Debelah Morgan	Dance with Me	**11547**
DJ Luck & MC Neat	Ain't No Stoppin' Us	**10127**
DJ Luck & MC Neat	A Little Bit of Luck	**10670**
Donell Jones	All Her Love	**11062**
Donell Jones	Have You Seen Her?	**11063**

R&B / Rap	CALL 0906 400 22 19	
Donell Jones	Knocks Me Off My Feet	**11064**
Heavy D + Brandy	Rock With You	**11065**
Kaylan	Rock Me All Night	**10591**
Mary J. Blige	Real Love	**11075**
Nelly	Country Grammar	**10184**
R Kelly	Bump & Grind	**11077**
Shaggy featuring Rikrok	It Wasn't Me	**11762**
Silk	Freak Me	**11066**

R&B / Rap		CALL 0906 400 22 19
The Roots	You Got Me	**11079**
TLC	Unpretty	**10665**
Wu-Tang Clan	Gravel Pit	**10192**

Rock   CALL 0906 400 22 19

Bon Jovi	Always	**11012**
Boston	More Than a Feeling	**11295**
Deep Purple	Smoke On The Water	**10058**
Europe	The Final Countdown	**10046**
Fear Factory	Cars	**11039**
Foo Fighters	Kung Fu Fighting	**10095**
Jimi Hendrix	Angel	**11298**
Jimi Hendrix	Ezy Rider	**11299**

Rock   CALL 0906 400 22 19

Jimi Hendrix	Foxy Lady	**11040**
Korn	Blind	**11034**
Live	Lightning Crashes	**11043**
Lynyrd Skynyrd	Sweet Home Alabama	**11026**
Manic Street Preachers	Design for Life (Part 1)	**11007**
Manic Street Preachers	Design for Life (Part 2)	**11008**
Metallica	Enter Sandman	**11038**
Muse	Showbiz	**11025**

Rock		**CALL 0906 400 22 19**
Nirvana	Come as You Are	**10098**
Nirvana	Heartbox	**10099**
Oasis	Go Let It Out	**10698**
Oasis	Supersonic	**11013**
Oasis	Wonderwall	**10144**
Offspring	Bad Habits	**11333**
Offspring	Original Prankster	**10189**
Our Lady Peace	Thief	**11311**

Rock	**CALL 0906 400 22 19**	
Outkast	Ms. Jackson	**11678**
Pearl Jam	Nothingman	**11047**
Placebo	Every You Every Me	**11021**
Queen	Somebody to Love	**11395**
Red Hot Chili Peppers	Love Rollercoaster	**11005**
Red Hot Chili Peppers	Scar Tissue	**10592**
Silverchair	Tomorrow	**11363**
Slipknot	Wait and Bleed	**11029**

Rock   CALL 0906 400 22 19

Smashing Pumpkins	Bullet with Butterfly Wings	**11312**
Smashing Pumpkins	Tonight, Tonight	**11313**
Status Quo	Whatever You Want	**11030**
Stereophonics	The Bartender and the Thief	**11019**
Steve Miller Band	The Joker	**11304**
Terrorvision	Alice What's The Matter?	**11031**
The Doors	Light My Fire	**10661**
The Who	My Generation	**11305**

Rock   CALL 0906 400 22 19

U2	Sunday Bloody Sunday (Short)	**11018**
U2	Sunday Bloody Sunday (Long)	**11017**
U2	Beautiful Day	**10133**
U2	Stuck in a Moment	**11506**
Violent Femmes	Blister in the Sun	**10094**
Wheatus	Teenage Dirtbag	**11536**

Sport	CALL 0906 400 22 19	
England	Swing low, sweet chariot	**11367**
Scotland	Flower of Scotland	**10118**
Wales		**11503**
Ireland	The wild rover	**11504**
Chelsea	Blue is the colour	**10815**
Liverpool	You'll never walk alone	**10818**
Manchester United	Glory, glory, Man. United	**10817**
Manchester City	Blue Moon	**10404**

Sport   CALL 0906 400 22 19

Brasil 66	**11334**
Can we kick it?	**10816**
Delilah	**11502**
Oh when the saints	**10539**
Vindaloo	**11371**
Wooly Bully	**10821**
You Reds	**11375**

Sport on TV	CALL 0906 400 22 19
A Question of Sport	**11528**
BBC Cricket	**11513**
Formula One	**11514**
Grandstand	**11091**
Match of the Day	**11525**
Ski Sunday	**11531**
They Think It's All Over	**11533**

TV theme tunes   CALL 0906 400 22 19

Alfred Hitchcock's Theatre	**10084**
Bewitched	**11251**
Big Brother	**10068**
Brookside	**11515**
Dallas	**11260**
Dangermouse	**11090**
Eastenders	**11518**
Emmerdale Farm	**11519**

TV theme tunes   CALL 0906 400 22 19

ER	**11261**
Fresh Prince of Bel Air	**11263**
Friends	**11264**
Grange Hill	**11093**
Happy Days	**11094**
Hawaii 50	**11095**
Hill Street Blues	**10445**
Hollyoaks	**11521**

TV theme tunes	CALL 0906 400 22 19
Home & Away	**11522**
Itchy & Scratchy	**10051**
MASH	**11270**
Mission Impossible	**10451**
Postman Pat	**10079**
Rawhide	**11097**
Scooby Doo	**11098**
Star Trek	**11099**

TV theme tunes	CALL 0906 400 22 19
The Flintstones	**10047**
The Jetsons	**11100**
The Wombles	**11277**
Thunderbirds	**10148**
Twilight Zone	**11101**
Woody Woodpecker	**11086**
X-Files	**11278**
Yogi Bear	**11087**

Films & Shows   CALL 0906 400 22 19

Arthur		**10434**
Austin Powers	Beautiful	**10568**
Back to the Future		**10437**
Beauty & the Beast		**10477**
Breakfast at Tiffany's	Moon River	**10523**
Butch Cassidy	Raindrops keep falling on my head	**10544**
Chariots of Fire		**10439**
Dirty Dancing	The Time of My Life	**11517**

Films & Shows	CALL 0906 400 22 19	
Evita	Don't cry for me, Argentina	**10489**
Fiddler on the Roof	If I were a Rich Man...	**10446**
Ghostbusters		**10443**
James Bond	Theme	**10000**
Laurel & Hardy	Cuckoo Song	**10417**
Les Miserables	Bring Him Home	**11548**
Les Miserables	I Dreamed a Dream	**11549**
Les Miserables	Master of the House	**11551**

Films & Shows CALL 0906 400 22 19

Les Miserables	Money, Money, Money	**10401**
Love Story		**10419**
Monty Python & the Holy Grail		**11524**
My Fair Lady		**10525**
Oliver	Food, glorious food	**10414**
Robin Hood, Prince of Thieves	Everything I do	**11520**
Star Wars	Binary Sunset	**10008**
Star Wars	Imperial March	**10085**

Films & Shows CALL 0906 400 22 19

Sunset Boulevard	With one look	**11558**
The Addams Family		**10038**
The Beach	Pure Shores	**10590**
The Blues Brothers	Everybody	**11253**
The Good, the Bad & the Ugly		**10049**
The Jungle Book	Bare Necessities	**11267**
The King & I	Whistle a happy tune	**10467**
The Lion King	Can you feel the love?	**11268**

Films & Shows	CALL 0906 400 22 19	
The Wizard of Oz	Over the rainbow	**10551**
Titanic		**10461**
Top Gun	You take my breath away	**11250**
West Side Story		**11399**
When Harry met Sally	That's what friends are for	**10460**

Family Events	CALL 0906 400 22 19	
Birthday	Congratulations	**11338**
Birthday	Happy Birthday	**10499**
Christmas	Away in a Manger	**10156**
Christmas	Deck the Halls	**10164**
Christmas	Frosty the Snowman	**10174**
Christmas	God Rest You Merry, Gentlemen	**10173**
Christmas	Hark the Herald Angels Sing	**10174**
Christmas	I saw Mummy kissing Santa	**10160**

Family Events	CALL 0906 400 22 19	
Christmas	Jingle Bell Rock	**10171**
Christmas	Jingle Bells	**10509**
Christmas	Joy to the World	**10163**
Christmas	Rudolf the Red-nosed Reindeer	**10455**
Christmas	Santa Claus is coming to Town	**10157**
Christmas	Silent Night	**10019**
Christmas	The First Noel	**10030**
Christmas	Twelve Days of Christmas	**10154**

Family Events	CALL 0906 400 22 19	
New Year	Auld Lang Syne	**10436**
Weddings	Hava Nagila	**10501**
Weddings	Here Comes the Bride	**11144**
Weddings	Mazel Tov	**11355**
Weddings	The Wedding March	**10559**

Classical Music	CALL	0906 400 22 19
JS Bach	Arioso	**11129**
JS Bach	Bouree	**11131**
JS Bach	Fugue in D minor	**11401**
JS Bach	Minuet	**10521**
JS Bach	SoloZwit	**10512**
JS Bach	Toccata	**11403**
Beethoven	Für Elise	**11143**
Beethoven	Moonlight Sonata	**11154**

Classical Music	CALL 0906 400 22 19	
Beethoven	Symphony No 5	**11173**
Bizet	Carmen: Toreador Song	**11177**
Chopin	Fantasi Impromptu	**11140**
Chopin	Nocturne	**11411**
Chopin	Nocturne	**11158**
Chopin	Prelude	**11164**
Dvorak	New World Symphony	**11157**
Dvorak	Sorcerer's Apprentice	**11052**

Classical Music	CALL 0906 400 22 19	
Grieg	Concerto in A minor	**11134**
Grieg	Peter and the Wolf	**11162**
Grieg	Suite 1	**11402**
Liszt	Hungarian Dance No.5	**11145**
Mascagni	Cavalleria Rusticana Intermezzo	**11146**
Mozart	Don Giovanni	**11137**
Mozart	Eine Kleine Nachtmusik	**10526**
Mozart	Horn Concerto No. 3	**10078**

Classical Music	CALL 0906 400 22 19	
Mozart	Magic Flute	**10070**
Mozart	Marriage of Figaro	**11128**
Mozart	Symphony No. 40	**11156**
Orff	Carmina Burana	**11133**
Paganini	Devil's Trills	**10089**
Rachmaninov	Concerto No. 1	**11135**
Ravel	Bolero	**10083**
Rimsky-Korsakov	Flight of the Bumble Bee	**11141**

Classical Music CALL 0906 400 22 19

Rossini	Produndo	**11542**
Rossini	William Tell Overture	**10561**
Schubert	Unfinished Symphony	**11179**
Strauss	Blue Danube	**11130**
Tchaikovsky	Dance of Sugar Plum Fairy	**11136**
Tchaikovsky	Nutcracker: March	**10538**
Tchaikovsky	Romeo and Juliet	**11166**
Tchaikovsky	Sleeping Beauty	**11170**

Classical Music	CALL 0906 400 22 19	
Tchaikovsky	Swan Lake	**11172**
Verdi	Rigoletto: La Donna e mobile	**11148**
Verdi	Aida: March	**11178**
Wagner	Ride of the Valkyries	**11165**
	Minuet	**10522**
	Minuet in G	**11153**
	Piccolo	**10086**
	Sonatina	**10456**

Standards	CALL 0906 400 22 19
Afro Groove	**11396**
An English Country Garden	**11139**
Baa Baa Black Sheep	**10475**
Clementine	**10440**
Danny Boy	**10410**
Day dreaming	**10622**
Dolphins' Cry	**10442**
Drink to me only	**11138**

Standards		**CALL 0906 400 22 19**
	Escape	**10624**
	Get the Rhythm	**10706**
	Greensleeves	**10074**
	How Much is that Doggy in the Window?	**10488**
	Irish Washer Woman	**10448**
	It's a Long Way to Tipperary	**10504**
	Kumbaya	**10514**
Die Fledermaus	Laughing Song	**11149**

Standards   CALL 0906 400 22 19

Mirror Mirror	**10709**
In Dublin's Fair City (Molly Malone)	**11501**
My Bonnie lies over the Ocean	**10452**
Popcorn	**10087**
Relaxing the Soul	**10627**
Rule Britannia	**10546**
Spanish Guitar	**11330**
The Entertainer Rag	**10069**

Standards	CALL 0906 400 22 19
Waltzing Matilda	**10462**
We like to Party	**10602**
What shall we do with a Drunken Sailor?	**10560**
Wolf Whistle	**10060**
Yankee Doodle	**10463**

National Anthems	CALL 0906 400 22 19	
Great Britain	God save the Queen	**10492**
Australia	Advance Australia Fair	**10104**
Canada	O Canada	**10480**
Finland	Maamme	**10536**
France	La Marseillaise	**10528**
Germany	Deutschlandlied	**10493**
Greece	Imnos eis tin Eleftherian	**10529**
Hungary	Himnusz	**10502**

National Anthems   CALL 0906 400 22 19

Netherlands	Wilhelmus van Nassouwe	**10571**
New Zealand	God Defend New Zealand	**10807**
Norway	Ja, Vi Elsker Dette Landet	**10808**
Poland	Mazurek Dabrowskiego	**10532**
South Africa	National Anthem of South Africa	**10537**
Sweden	Du Gamla, Du Fria	**10533**
Switzerland	Cantique Suisse	**10793**
USA	Star-Spangled Banner	**10535**

Michael O'Mara Humour

Now you can order other little books directly from Michael O'Mara Books.

All at £1.99 each including postage (UK only)

The Little Book of Farting – ISBN 1–85479–445–0
The Little Book of Stupid Men –
  ISBN 1–85479–454–X
The Little Toilet Book – ISBN 1–85479–456–6
The Little Book of Venom – ISBN 1–85479–446–9
The Little Book of Pants – ISBN 1–85479–477–9
The Little Book of Pants 2 – ISBN 1–85479–557–0
The Little Book of Bums – ISBN 1–85479–561–9
The Little Book of Revenge – ISBN 1–85479–562–7
The Little Book of Voodoo – ISBN 1–85479–560–0
The Little Book of Blondes – ISBN 1–85479–558–9
The Little Book of Magical Love Spells –
  ISBN 1–85479–559–7

IH8U: ltle bk of txt abuse – ISBN 1-85479-832-4
LUVTLK: ltle bk of luv txt – ISBN 1-85479-890-1
RUUP4IT? ltle bk of txt d8s – ISBN 1-85479-892-8
URGr8! ltle bk of pwr txt – ISBN 1-85479-817-0
WAN2TLK? ltle bk of txt msgs –
 ISBN 1-85479-678-X

The Little Book of Cockney Rhyming Slang –
 ISBN 1-85479-825-1
The Little Book of Gay Gags – ISBN 1-85479-590-2
The Little Book of Irish Grannies' Remedies –
 ISBN 1-85479-828-6
The Little Book of Scottish Grannies' Remedies –
 ISBN 1-85479-829-4
The Little Book of Irish Wit and Wisdom –
 ISBN 1-85479-827-8
The Little Book of Scottish Wit and Wisdom –
 ISBN 1-85479-826-X
The Little Book of the SAS – ISBN 1-85479-887-1
101 Really Unpleasant Things About Men –
 ISBN 1-85479-881-2

Get Your Coat, You've Pulled –
  ISBN 1–85479–891–X
The Little Book of the Couch Potato –
  ISBN 1–85479–834–0
The Little Book of Crap Advice –
  ISBN 1–85479–883–9
The Little Book of Crap Excuses –
  ISBN 1–85479–882–0
Little Book of Totally Stupid Men –
  ISBN 1–85479–833–2
Welcome to Dumpsville! – ISBN 1–85479–880–4
The Little Book of Despair – ISBN 1–85479–818–9

Postage and packing outside the UK:
  Europe: add 20% of retail price
  Rest of the world: add 30% of retail price
To order any Michael O'Mara Book please call our credit–card hotline: 020 8324 5652

  Michael O'Mara Bookshop
  BVCD
  32–34 Park Royal Road
  London NW10 7LN